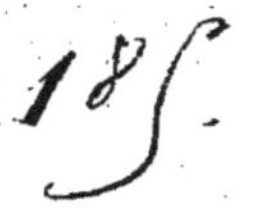

CATHERINE HOWARD

SCÈNE LYRIQUE

Par Edmond DELIÈRE

Rédacteur en chef du GUETTEUR de St-Quentin

(Premier Prix, avec Médaille d'Or, du Concours de Cantates de 1877, institué par la Société Académique de Saint-Quentin).

SAINT-QUENTIN

Imprimerie Ch. POETTE, rue Croix-Belle-Porte, 19

1878

CATHERINE HOWARD

SCÈNE LYRIQUE

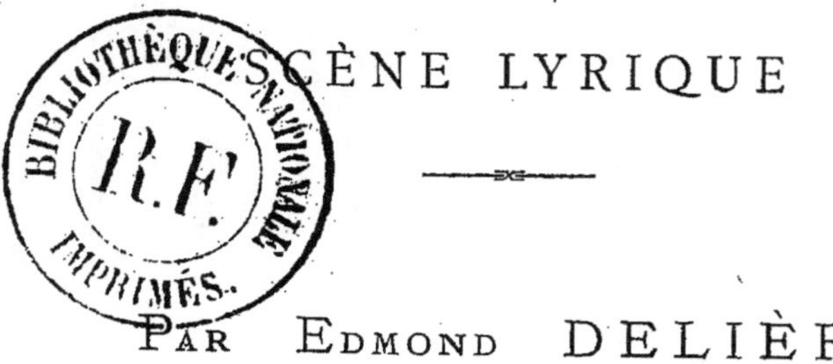

Par Edmond DELIÈRE

Rédacteur en chef du Guetteur de St-Quentin

(Premier Prix, avec Médaille d'Or, du Concours de Cantates de 1877, institué par la Société Académique de Saint-Quentin).

SAINT-QUENTIN

Imprimerie Ch. Poette, rue Croix-Belle-Porte, 19

—

1878

CATHERINE HOWARD

SCÈNE LYRIQUE

> *Mieux vaut être né dans une condition basse et vivre content parmi d'humbles mortels que de porter un chagrin doré.*
> SHAKESPEARE (Henri VIII).

PERSONNAGES

HENRI VIII, roi d'Angleterre (Basse ou Baryton).
GILBERT, officier de fortune (Ténor).
CATHERINE HOWARD (Soprano ou Mezzo-Soprano).

A Londres. — Une chambre dans les appartements de la reine. — Portes latérales sur lesquelles retombe une portière en tapisserie. — Au fond, grande fenêtre avec balcon, donnant sur la ville.

CATHERINE HOWARD *(assise près de la fenêtre)*

C'est pour moi que ce soir le roi donne une fête!...
Je veux que vous soyez la plus belle!... a-t-il dit.

J'ai souri tout heureuse à la douce requête ;
Mais quel trouble soudain malgré moi m'envahit ?

(Elle se lève.)

Au milieu des splendeurs où mon trône rayonne,
De noirs pressentiments mon cœur est assailli.
Ces joyaux tant rêvés me pèsent ; la couronne
Semble lourde à mon front pâli !

CHANT

I

Doux souvenirs de mon aurore,
Rêves charmants sous les grands bois ;
Fleurs du passé, fraîches encore,
Enivrez-moi comme autrefois.
Pour m'élever au rang suprême
Loin de moi j'ai dû vous bannir ;
Mais sous l'éclat du diadème
Loin de vous je me sens languir !

II

Jadis de roses immortelles
J'embellissais mon toit obscur,
Lorsque mon âme ouvrait ses ailes
Dans l'immensité de l'azur.
Des grandeurs j'ai gravi le faîte
Et je n'ai plus un seul désir.
Mais les fleurs dont j'orne ma tête
Sur mon front semblent se flétrir !

Un nom dans ce passé brille encore... ô mystère,
　　Reste dans l'ombre enseveli !
Ce nom, j'allais le dire... ici je dois le taire.
　Ces murs le rediraient, ce nom fait pour l'oubli !

GILBERT *(sous le balcon).*

J'entends la voix charmante
Dont les divins accents
A la brise odorante
Confiaient nos serments.
O naïves chimères
Qui faisiez nos beaux jours,
Sur vos ailes légères
Emportez nos amours !

CATHERINE

Quels accents d'autrefois!... et que j'entends toujours !

GILBERT

Son ravissant sourire
Éclaire encor mon ciel.
Dans ses yeux je crois lire
Un amour éternel.
O naïves chimères
Qui faisiez nos beaux jours,
Sur vos ailes légères
Emportez nos amours !

CATHERINE *(tout émue et comme entraînée hors d'elle-même).*

Oh ! pourquoi me poursuivre
De regrets superflus.

Vain charme qui m'enivre,
Je ne m'appartiens plus !
Délices passagères
Des premières amours,
Sur vos ailes légères
Emportez mes beaux jours !

Mon Dieu ! prenez pitié de votre humble servante.
Eh quoi !... Gilbert ici ! Ce retour m'épouvante.
Mais que dis-je ? je sais ce que je dois au roi.
Mon honneur devant Dieu répondra de ma foi !

*Pendant ce récitatif, Gilbert a soulevé la
tapisserie qui recouvre la porte latérale à gauche.
Il s'est arrêté un instant sur le seuil.*

GILBERT *(à part).*

O mon courage, à moi !

CATHERINE *(elle se retourne et aperçoit Gilbert).*

Gilbert !... Quelle imprudence !
Comment avez-vous pu pénétrer jusqu'ici ?

GILBERT

J'ai de vos serviteurs surpris la vigilance.
Je voulais à tout prix vous voir !... J'ai réussi.

CATHERINE

Un abîme à jamais nous sépare !

GILBERT

La tombe
Séparera bien mieux nos destins désunis.

Mais un dernier instant, avant que je succombe,
Je voulais vous revoir, Madame, et je bénis
L'heure qui nous rapproche...

·CATHERINE *(à elle même)*.

O mon cœur plein de rêves,
Où trouver contre toi le suprême recours !

GILBERT

Par l'orage battu, le frêle oiseau des grèves
Revient mourir au nid de ses amours.
Par le sort accablé, je viens, ô Catherine !...

(Mouvement de la reine).

Madame, pardonnez
Si le pur souvenir d'une ivresse divine
Evoqua dans un nom des temps plus fortunés
Que l'amour illumine !

CHANT

Puis-je oublier la tendre amie
Dont je reçus le doux aveu !
Je t'avais fiancé ma vie
Sous l'éternel regard de Dieu !
Ton amour, c'était l'auréole
Dont se parait mon avenir.
Et quand vers toi mon cœur s'envole
Comment puis-je le retenir ?
Oh ! non, plus de vaine parole...
Ton amour c'est mon auréole !
Vivre sans toi, mieux vaut mourir !

CATHERINE

Je t'ai bien fait souffrir; mais je suis bien punie;
Si tu savais, Gilbert !...

GILBERT

De votre félonie,
Oh! oui, j'ai bien souffert! je n'ai pu vous haïr
Pourtant, et vous voyez je n'ai plus qu'à mourir !

CATHERINE

Toi, mourir, que dis-tu ? Je veux que Gilbert vive!

GILBERT

Oh ! toujours votre voix m'émeut et me captive.
Mais vous l'avez bien dit :
Un abîme à jamais nòus sépare...

CATHERINE

La tombe !...
Que ta rigueur sur moi seule retombe,
Fatal destin, destin maudit!
L'orgueil m'a fait bien cher payer cette couronne.

GILBERT

Si vous avez souffert, que le ciel vous pardonne
Comme ici je le fais!

CATHERINE *(vivement)*

Tu vivras, n'est-ce pas?
Crois-tu que je pourrais survivre à ton trépas?

DUO

Catherine

Anxiété cruelle!
O mon cœur, contiens-toi!
Tout ici me rappelle
Le serment fait au roi.
Moi, par deux fois parjure!
Ce serait tenter Dieu!
Mon Dieu! je t'en conjure,
N'en crois pas mon aveu!

Gilbert

Oh! mon Dieu, que dit-elle?
Dans son profond émoi
Son âme se révèle;
Elle a gardé sa foi.
De mon cœur la blessure
Se ferme à cet aveu.
Dans une ivresse pure
Mon âme vole à Dieu!

On entend les fanfares (trompettes et cors),
qui annoncent la rentrée du roi.

Catherine

Le roi!... fuyez, Gilbert! cher Gilbert fuyez vite!

Gilbert *(Il se dirige vers la porte par laquelle il est*
entré; mais les portières s'entrouvrent et laissent
voir les gardes royaux qui lui barrent le passage.
Même effet de scène de l'autre côté.)

Toute issue est gardée!... ô mystère infernal!

CATHERINE

O trahison !... d'effroi tout mon être palpite !
Soupçonneux et jaloux, le roi ne croit qu'au mal !

DUO

CATHERINE

J'ai bâti sur le sable
Mon fragile avenir.
Que d'un rêve coupable
Je sois seule à souffrir !

GILBERT

C'est moi qui suis coupable,
C'est moi qu'il faut punir !
Destin inexorable,
Sur moi viens t'assouvir !

HENRI VIII *(Il paraît à la porte latérale de droite.)*

Mes soupçons n'avaient pas trompé ma vigilance.

CATHERINE

Sire !...

HENRI *(l'arrêtant du geste.)*

Trahi toujours par tous ceux que j'aimais,
J'avais avec bonheur subi votre influence.
Je crus trouver en vous l'ange que je cherchais !

CHANT

I

J'avais dans votre foi placé ma confiance.
Dieu qui vous fit les yeux si doux
A votre clair regard prêtait tant d'innocence
Que mon cœur fut bien vite à vous !
Un amour insensé remplit toute mon âme,
Et quand ainsi je m'abusais,
Sur vos pas, sans pudeur, la trahison infâme
Franchit le seuil de ce palais !

II

Je vous avais donné tous les biens de ce monde.
J'avais paré votre beauté
D'une splendeur royale à nulle autre seconde,
Rayon dans votre ombre jeté !
Que m'avez-vous donné, Reine, dans votre échange ?
La folle illusion d'un jour.
Tremblez, vous qui savez comment Henri se venge ;
Ma haine égale mon amour !

CATHERINE

Sire, j'atteste Dieu qui dans mon cœur peut lire…

HENRI

Demandez donc au ciel le pardon que la loi
Ici bas vous refuse !…

GILBERT

O trop cruel martyre !
Oui, je fus criminel, oui, j'outrageai le roi
En osant en secret jusqu'ici m'introduire !
Mais je suis seul coupable ! O Roi, frappez-moi seul !

(avec mélancolie.)

Sire, j'avais déjà préparé mon linceul !

CATHERINE

Devant Dieu pour témoin, sire, je le proclame,
J'ai toujours respecté, j'ai toujours porté haut
Ma dignité de reine et mon honneur de femme !

HENRI

Anne Boleyn ainsi parlait sur l'échafaud !

CATHERINE

Anne Boleyn me dit ce que je dois attendre.
Je ne dois plus songer, hélas ! à me défendre.

HENRI

Vous connaissez la loi ! (1).

CATHERINE

Je connais le bourreau !

---

(1) Catherine Howard fut décapitée sous prétexte qu'elle avait eu des amants avant son mariage. C'est à cette occasion que le Parlement d'Angleterre édicta une loi aussi absurde que cruelle. Il déclara que tout homme qui serait instruit d'une galanterie de la reine devrait l'accuser sous peine de haute trahison et que toute fille qui épouserait un roi d'Angleterre, et qui ne serait pas vierge, devrait le déclarer sous la même peine.

— 13 —

Henri

De haute trahison elle implique la peine.

Catherine

Miss Howard suffirait à protéger la reine
Si mes juges déjà ne creusaient mon tombeau !

TRIO

Henri

Devant cette arrogance
Je ne dois pas faiblir.
Céder à la clémence,
Ce serait m'avilir !

Catherine

O roi, de ta vengeance
Assouvis le désir.
Dieu sait mon innocence ;
Je suis prête à mourir !

Gilbert

Dieu ! venge l'innocence !
Ne laisse pas flétrir
D'une injuste sentence
Le front qu'on veut ternir !

Henri

Devant le Parlement, gardes, que l'on conduise
La reine et son complice !...

CATHERINE

Eh bien, tombe sur moi,
Tombe, justice humaine, et brise
Le dernier des anneaux qui m'attachaient au roi !

TRIO FINAL

HENRI

Que leur sort s'accomplisse.
Pas de pitié pour eux !
Que le même supplice
Me venge de tous deux !
Supplice expiatoire,
Viens vite ensevelir
L'affront fait à ma gloire
Dans leur dernier soupir !

CATHERINE

Croule, frêle édifice
D'un rêve ambitieux !
L'approche du supplice
Pour moi n'a rien d'affreux.
De mon trône de gloire
Je tombe sans pâlir,
En léguant ma mémoire
Aux soins de l'avenir !

GILBERT

O mort libératrice,
Tu viens combler mes vœux.

J'ai vidé du calice
Tout ce qu'il eut d'heureux.
De ce monde illusoire
Je puis enfin sortir.
Supplice expiatoire,
Je t'attends sans frémir.

(Les gardes entraînent la Reine et Gilbert).

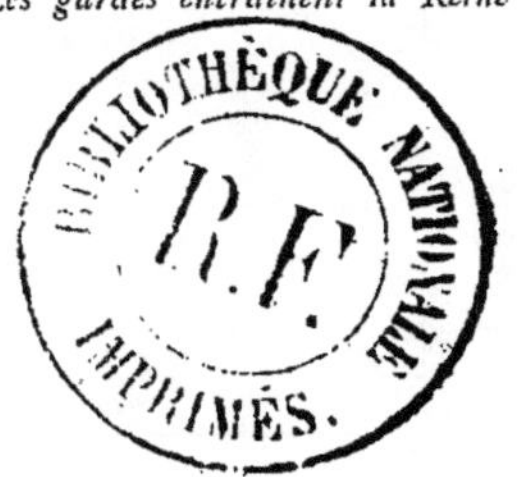

Saint-Quentin. — Imprimerie Cʜ. POETTE, rue Croix-Belle-Porte, 19.